Heike Baake

Die Bremer Stadtmusikanten

Ernst Klett Sprachen
Stuttgart

In einem kleinen Dorf lebt seit vielen Jahren ein Esel.
Er arbeitet schon lange. Nun ist er alt und nicht mehr so kräftig.
Er wird traurig: „Was soll ich machen? Ich bin nicht mehr so stark wie früher. Kein Mensch braucht mich mehr, I-A, I-A."

kräftig: sehr stark

Aber dann hat er eine Idee: „Ich kann doch gut singen!
Ich gehe nach Bremen und werde Stadtmusikant."
Und so macht er sich auf den Weg.

der Esel macht sich auf den Weg: der Esel geht nach Bremen los

Nach einer Weile trifft er einen Hund. Er ist grau und schwach und kann nicht mehr schnell rennen. Er bellt ganz unglücklich: „Wau, wau, was soll ich machen? Niemand braucht mich mehr.“

nach einer Weile: etwas später

Da sagt der Esel: „Komm doch mit nach Bremen.
Wir werden Stadtmusikanten."
Und so gehen sie zusammen weiter.

Es dauert nicht lange, da treffen sie eine Katze. Sie miaut traurig: „Ich bin nicht mehr jung und hübsch, miau, miau. Ich will keine Mäuse mehr fangen. Aber wer braucht mich dann noch?“

Da sagt der Esel zu ihr: „Komm doch mit uns nach Bremen.
Wir werden Stadtmusikanten."
Und so gehen sie zu dritt weiter.

sie gehen zu dritt: die drei Tiere gehen zusammen

Bald danach kommen die drei an einem Bauernhof vorbei.
Da steht ein Hahn auf dem Tor und kräht, so laut er kann.

der Bauernhof: ein großes Haus auf dem Land mit Tieren und Feldern
das Tor: eine große Tür

„Kikeriki, kikeriki! Die Bäuerin hat einen neuen Hahn und will aus mir Hühnersuppe kochen. Was soll ich nur tun?"

die Bäuerin: eine Frau; sie lebt und arbeitet auf einem Bauernhof

Der Esel sagt zu ihm: „Wir gehen nach Bremen und werden dort Stadtmusikanten. Warum kommst du nicht mit uns?“
Der Hahn wird ganz fröhlich und schließt sich ihnen an.

der Hahn schließt sich ihnen an: der Hahn geht mit dem Esel, dem Hund und der Katze mit

Sie laufen und laufen. Doch der Weg nach Bremen ist weit. Am Abend kommen sie in einen Wald. Sie sind müde, ihre Füße tun weh und sie haben riesigen Hunger. „Heute bleiben wir hier und morgen gehen wir weiter“, entscheidet der Esel. Und so legen sie sich nieder.

riesig: sehr groß
die Tiere legen sich nieder: die Tiere legen sich auf den Boden und schlafen

Doch plötzlich sieht der Hahn von Weitem ein kleines Licht. Es kommt aus einem Haus. „Vielleicht gibt es dort etwas zu essen“, denkt der Hund laut. „Lasst uns dort hingehen!“ Und so laufen sie weiter.

Am Haus schauen die Tiere vorsichtig durch das Fenster.
Drinnen steht ein Tisch mit leckerem Essen und Trinken.
Da fehlt nichts: Brot, Braten, Käse, Obst und Wein.
Um den Tisch sitzen drei Räuber mit bösen Gesichtern.

Den hungrigen Tieren läuft das Wasser im Munde zusammen. „Wie bekommen wir etwas von dem Essen?“, fragt die Katze. Und dann haben sie auch gleich eine Idee: Sie stellen sich aufeinander. Der Esel schreit, der Hund bellt, die Katze miaut und der Hahn kräht aus vollem Hals.

den Tieren läuft das Wasser im Munde zusammen: die Tiere bekommen großen Appetit

der Hahn kräht aus vollem Hals: der Hahn kräht, so laut er kann

Die Räuber erschrecken. Ein Stuhl fällt um. Teller, Messer und Gabeln fliegen durch die Luft und die Räuber rennen wie wild aus dem Haus.

Der Esel, der Hund, die Katze und der Hahn freuen sich. Sie essen und trinken von den vielen leckeren Sachen und machen es sich richtig gemütlich. Um Mitternacht legen sie sich hin und schlafen sofort ein.

die Mitternacht: 12 Uhr in der Nacht

Im Haus wird es dunkel und still. Aber die Räuber kommen zurück. „Ist das Haus wieder leer? Oder gibt es dort vielleicht ein Gespenst?“ Ein Räuber schleicht vorsichtig zum Haus.

das Gespenst: etwas, was man sich vorstellt und das Angst macht
er schleicht: er geht ganz leise und langsam

Langsam öffnet er die Tür. Es ist stockfinster. Er sieht überhaupt nichts, nur schwarze Dunkelheit.

stockfinster: sehr dunkel

Doch da, in der Ecke, funkeln zwei Augen wie Feuer... Und schon springt die Katze dem Räuber ins Gesicht. Er stolpert und fällt auf den Hund. Der Hund beißt ihn ins Bein und der Esel tritt ihn in den Hintern.

sie funkeln: sie leuchten
er stolpert: er fällt über etwas

Der Räuber rennt so schnell er kann in den Wald zurück.
Vom Haus hört er noch ein unheimliches Kikeriki.

unheimlich: schrecklich; es macht Angst

Die Räuber kommen nie wieder. Den Tieren gefällt es in dem Haus aber sehr gut. Sie bleiben dort, machen Musik und leben glücklich und zufrieden.

Wortliste

der Esel
die Esel
ein Tier; es lebt
auf dem Bauernhof

die Katze
die Katzen
ein Tier; es lebt
auf dem Bauernhof

der Hahn
die Hähne
ein Tier; es lebt
auf dem Bauernhof

der Hund
die Hunde
ein Tier; es lebt
auf dem Bauernhof

der Musikant
die Musikanten
eine Person;
sie macht Musik

der Räuber
die Räuber
eine Person; sie
nimmt Leuten
etwas weg

traurig
trauriger, am traurigsten
nicht glücklich

glücklich
glücklicher, am glücklichsten
fröhlich; man freut sich

schwach
schwächer, am schwächsten
man hat wenig Kraft

stark
stärker, am stärksten
man hat viel Kraft

dunkel
dunkler, am dunkelsten
ohne Licht

Wortliste

schreien
er schreit
Esel machen
dieses Geräusch:
I-A
→ Der Esel schreit.

miauen
sie miaut
Katzen machen
dieses Geräusch:
miau
→ Die Katze miaut.

krähen
er kräht
Hähne machen
dieses Geräusch:
kikeriki
→ Der Hahn kräht.

bellen
er bellt
Hunde machen
dieses Geräusch:
wau wau
→ Der Hund bellt laut.

erschrecken
er erschrickt
plötzlich Angst bekommen
→ Da erschrecken die Räuber.

brauchen
er braucht
für jemanden wichtig sein
→ Niemand braucht mich.

Wichtige kleine Wörter

kein, keine
→ Ich will keine Mäuse mehr fangen.

nie
→ Die Räuber kommen nie wieder zurück.

nichts
→ Er sieht überhaupt nichts.

niemand
→ Niemand braucht mich mehr.

nicht
→ Es dauert nicht lange.

1. Auflage 1 10 9 8 7 | 2021 20 19 18

Internetadresse: www.klett-sprachen.de

Autor: Heike Baake

Redaktion: Lucie Palisch
Illustrationen: Susanne Bochem, Frankfurt
Gestaltung und Satz: Carolin Schneider, Elmar Feuerbach

Druck und Bindung: AZ Druck und Datentechnik GmbH, Kempten/Allgäu

Printed in Germany

ISBN: 978-3-12-674903-9

9 783126 749039